Daniel Giese

Militärische Führung im Internetzeitalter

Die Bedeutung von Strategischer Kommunikation und Social Media für Entscheidungsprozesse, Organisationsstrukturen und Führerausbildung in der Bundeswehr

–

Analyse und Empfehlungen für eine Armee im Einsatz

Militärische Führung im Internetzeitalter

Die Bedeutung von Strategischer Kommunikation und Social Media für Entscheidungsprozesse, Organisationsstrukturen und Führerausbildung in der Bundeswehr

–

Analyse und Empfehlungen für eine Armee im Einsatz

Daniel Giese

2014

Carola Hartmann Miles-Verlag

CIP-Kurztitelaufnahme der Deutschen Nationalbibliothek: Daniel Giese, Militärische Führung im Internetzeitalter. Die Bedeutung von Strategischer Kommunikation und Social Media für Entscheidungsprozesse, Organisationsstrukturen und Führerausbildung in der Bundeswehr. Analyse und Empfehlungen für eine Armee im Einsatz, Berlin 2014.

Carola Hartmann Miles-Verlag, 2014
ISBN 978-3-937885-74-2

Herstellung: Books on Demand, Norderstedt

George-Caylay-Str. 38, 14089 Berlin
(email: miles-verlag@t-online.de; www.miles-verlag.jimdo.com)

Printed in Germany

Inhaltsverzeichnis

1 Einleitung und Fragestellung

Das Internet ist eine technologische Innovation von säkularer Bedeutung. Durch das World Wide Web hat sich nicht nur die Menge und Verfügbarkeit von Informationen dramatisch erhöht. Das digitale Netzwerk ermöglicht auch ein bislang nicht gekanntes Maß an Kommunikation. Diese Faktoren wirken sich nahezu auf alle Bereiche der Gesellschaft aus. Als Folge hat das Internet die soziale Realität weltweit in vergleichsweise kurzer Zeit tiefgreifend verändert.

Eine qualitative Steigerung erfuhr diese Entwicklung noch einmal durch den Durchbruch internetbasierter sozialer Netzwerke vor knapp zehn Jahren. Bei diesen auch „Social Media" genannten Angeboten wie „Facebook" oder „Twitter" stehen vor allem die Kommunikation der Nutzer untereinander und der Austausch nutzergenerierter Inhalte im Vordergrund. Voraussetzung dafür war die Verfügbarkeit der technischen Möglichkeiten des Web 2.0 im Zuge der allgemeinen Verbreitung breitbandiger Internetzugänge. Einen globalen Boom erlebten Social Media aber vor allem infolge der massenhaften Verbreitung internetfähiger Mobiltelefone. Sehr augenfällig wurde ihr Einfluss auf gesellschaftliche Prozesse weltweit durch die wichtige Rolle, die soziale Netzwerke etwa in jüngster Zeit bei den Revolutionen in der arabischen Welt gespielt haben.

Diese allgemeine Entwicklung wirkt sich zwangsläufig auch auf moderne Streitkräfte aus. Vor allem die Rahmenbedingungen für militärische Einsätze haben sich gravierend verändert. Das Militär ist dadurch mit völlig neuen Herausforderungen konfrontiert, denen es sich stellen muss, will es auch in einem veränderten gesellschaftlichen Umfeld seine Einsatzbereitschaft sicherstellen und verloren gegangenen Handlungsspielraum zurückgewinnen.

Im Fokus der vorliegenden Ausarbeitung steht daher die Analyse militärischer Führung im Internetzeitalter. Untersucht wird dabei im ersten Abschnitt, wie sich die Einsatzrealität angesichts einer radikal gewandelten Medienlandschaft geändert hat und mit welchen konkreten kommunikativen und organisatorischen Herausforderungen Streitkräfte im 21. Jahrhundert infolgedessen konfrontiert sind. Im zweiten Abschnitt geht es um die Frage, wie militärische Entscheidungsprozesse und Organisationsstrukturen vor diesem Hintergrund idealerweise anzupassen sind und welchen Stellenwert Strategische Kommunikation künftig im Rahmen übergeordneter militärischer Führung haben sollte. Schließlich wird im dritten Abschnitt erörtert, welche kommunikativen Kompetenzen dafür erforderlich sind und dementsprechend künftig in der Stabsoffiziers- und General-/Admiralstabsausbildung der Bundeswehr vermittelt werden sollten.

Der Ausarbeitung liegt dabei die Annahme zugrunde, dass moderne Streitkräfte den Herausforderungen durch Internet und Social Media erfolgreich nicht mehr nur mit den Mitteln klassischer bürokratischer Organisationsentwicklung begegnen können. Insbesondere der qualitative Sprung im Hinblick auf die Komplexität und die Dynamik der kommunikativen Prozesse im Umfeld einer Armee im Einsatz scheint eine stark ausdifferenzierte hierarchische Institution wie das Militär immer häufiger an die Grenzen ihrer Leistungsfähigkeit und Problemlösungskapazität zu bringen.

Um die konkreten Folgen analysieren und anschließend mögliche Lösungsansätze skizzieren zu können, bietet es sich an, im Rahmen der vorliegenden Ausarbeitung die allgemeine Systemtheorie als erkenntnistheoretischen Ansatz zu nutzen. Denn die Systemtheorie eröffnet beispielsweise eine interessante Sicht auf die spezifische Dynamik der Kommunikation im Internet, auf die Probleme zentralisierter, hierarchischer Steuerung wie auch auf die Limitiertheit gesellschaftlicher Teilsysteme, ihre Umwelt anders als mit den eigenen Kriterien wahrzunehmen.

Zielsetzung der vorliegenden Ausarbeitung ist es, einen Einstieg in die Themenstellung zu ermöglichen und als Grundlage für die weitere Diskussion zu dienen. Es geht jedoch nicht darum, eine umfassende wissenschaftliche Untersuchung einschließlich der Dokumentation des aktuellen Forschungsstandes zu präsentieren. Literatur wird insofern nur sparsam als Ergänzung der jeweiligen Ausführungen oder als Quellenvermerk zitiert.

2 Die Ausgangslage: Streitkräfte im Zeitalter von Internet und Social Media

2.1 Internet 2.0 und der Wandel der Medienlandschaft

Streitkräfte im Einsatz sind heute mit einer ungleich vielfältigeren Medienlandschaft konfrontiert als noch vor Beginn des digitalen Zeitalters. Neben den klassischen Massenmedien wie Zeitungen, Zeitschriften, Radio und Fernsehen gibt es heute in nahezu allen Ländern der Welt auch Internet und Social Media.

Durch die allgemeine Verbreitung der Neuen Medien hat sich vor allem die Anzahl der Akteure in diesem Bereich geradezu explosionsartig vermehrt. Dies liegt insbesondere daran, dass die Eintrittsbarrieren, um selbst Inhalte zu veröffentlichen, relativ niedrig sind. Während es bei den klassischen Mediengattungen umfangreicher Ressourcen und komplizierter Produktionsprozesse bedarf, weshalb hier in der Regel nur private oder staatliche Unternehmen von Bedeutung sind, ist es im Bereich von Internet und Social Media prinzipiell jedem möglich, sich als Akteur am medialen Diskurs zu beteiligen und selbst Inhalte zu erstellen (user-generated content). Denn es bedarf keiner besonderen Spezialkenntnisse für die Aufbereitung der Inhalte, und die Kosten für die erforderlichen Werkzeuge ebenso wie für die Produktion von Texten, Bildern, Audio- oder Videobeiträgen sind vergleichsweise gering.

Der Zugang zu Neuen Medien, insbesondere Social Media, wurde noch einmal signifikant erleichtert durch die technologischen Durchbruch des mobilen Internets, denn in den meisten Ländern weltweit existiert in der Fläche kein breitbandiges Festnetz, das die Übertragung umfangreicher digitaler Daten ermöglicht. Gerade in Entwicklungsländern haben die wenigsten Menschen Zugriff auf einen Computer mit Internetanschluss. Doch es ist ein wichtiger Faktor für Streitkräfte, die in diesen Ländern operieren, dass fast jeder Bürger dort mittlerweile über ein Mobiltelefon verfügt, von denen immer mehr auch internetfähig sind, sogenannte Smartphones.[1] Hier wurde eine kostenintensive Entwicklungsstufe der Telekommunikationsinfrastruktur einfach übersprungen.

Mittlerweile existiert eine Vielzahl verschiedener Social Media-Technologien, deren gemeinsames Kennzeichen ist, dass sie über digital basierte Kanäle gegenseitige Kommunikation und den interaktiven Austausch von Informationen unterstützen. Für Streitkräfte im Einsatz dürften vor allem fünf Technologien relevant sein: Webblogs, Newsgruppen bzw. Foren, Mikroblogs, Content Communities und soziale Netzwerke.

1. Ein Webblog ist ein Online-Tagebuch oder -Journal, in dem zumeist von einer Person chronolo-

---

[1] So besitzen zum Beispiel vier von fünf Ägyptern ein Handy. Stephan Dörner: Die digitalen Waffen der modernen Revolutionäre, in: Handelsblatt Online, 22. Februar 2011, abgerufen am 13. August 2012.

gisch Sachverhalte oder Gedanken veröffentlicht werden. Das Medium kann aber auch dem Informations- und Meinungsaustausch dienen. In autoritären Regimen sind Blogs eine wichtige Nachrichtenquelle, die eine Gegenöffentlichkeit erzeugen. 2. Bei Foren und Newsgroups handelt es sich um eine Art virtueller Marktplatz. Dort werden von den Beteiligten zu einem bestimmten Oberthema Gedanken, Meinungen und Erfahrungen ausgetauscht und archiviert. 3. Der Begriff „Mikroblogging“ steht für die digitale Verbreitung telegrammartiger Kurznachrichten in Echtzeit ähnlich einem Schneeballsystem. Der am weitesten verbreitete Dienst ist derzeit „Twitter“. 4. Content Communities wie „Youtube“ sind Online-Datenbanken, die multimediale Inhalte, zum Beispiel Fotos, Videos oder Podcasts, zur Verfügung stellen. 5. Soziale Netzwerke wie „Facebook“ sind Online-Plattformen, auf denen die Mitglieder persönlichen Verteilern ausgewählte Informationen zugänglich machen und mit denen sie laufend Nachrichten austauschen. Durch vielfältige Verknüpfung der einzelnen Verteiler entsteht so eine komplexe, interaktive Netzgemeinschaft. Soziale Netzwerke sind global zu einem wichtigen Instrument von Regimekritikern geworden ist, um ihre Aktivitäten zu koordinieren.

Neben der weiteren Ausdifferenzierung der Medienlandschaft ist ein zweites entscheidendes Merkmal des Zeitalters von Internet und Social Media, dass sich die Qualität der medialen Kommunikation verändert hat. Während klassische Massenmedien in einem linearen Monolog vom Sender zum Empfänger kommunizieren, erzeugen Social Media eine dialogbasierte Kommunikation, bei der sich der Konsument zugleich zu einem Produzenten entwickelt, was die Demokratisierung von Wissen und Information unterstützt.

2.2 Der Verlust der Informationskontrolle

Die starke Ausdifferenzierung und vor allem die qualitative Veränderung der Medienlandschaft infolge der globalen Rezeption von Social Media und des mobilen Internets ist eine soziale Realität. Dieser mediale Trend lässt sich nicht mehr zurückdrehen, vielmehr wird er sich weiter verstärken. Experten erwarten, dass im Jahr 2016 bereits drei Milliarden Menschen weltweit das mobile Internet nutzen.[2]

Für die Bundeswehr bedeutet dies, wo auch immer sie künftig im Ausland eingesetzt sein wird, werden vor allem soziale Netzwerke wie „Facebook" und „Twitter" ein Faktor sein, der besondere Relevanz im Hinblick auf die Operationsführung hat. Denn Internet und Social Media bestimmen heute in jedem potenziellen Einsatzland im hohen Maß die Kommunikation auf der innergesellschaftlichen Ebene. Über die veröffentlichte Meinung in den Massenmedien hinaus entsteht so eine Vielstimmigkeit, die insbesondere in vielen Entwicklungsländern vor einigen Jahren noch undenkbar war. Neben normalen Bürgern betei-

---

2 PricewaterhouseCoopers: Global Entertainment and Media Outlook: 2012-2016, Düsseldorf 2012, vgl. www.pwc.de/de/technologie-medien-und-telekommunikation/global-outlook-2012.jhtml, abgerufen am 15. August 2012.

ligen sich politische Aktivisten und Interessengruppen am interaktiven Diskurs. Auch Medienvertreter, Nichtregierungsorganisationen (NGO) oder etwa internationale Konzerne spielen eine wichtige Rolle. Sie alle produzieren laufend Nachrichten, tauschen Informationen aus und adressieren Botschaften entsprechend ihrer eigenen Agenda.

Für ausländische Streitkräfte, die sich zum Beispiel in einem Stabilisierungseinsatz befinden, ist es wichtig, diesen innergesellschaftlichen Diskurs zu verfolgen, da er einerseits zu jeder Zeit Bedeutung für die eigenen militärischen Ziele und Aktivitäten haben kann. Andererseits kann der Einsatz jedoch auch selbst Thema der Kommunikation werden mit der Folge, dass sich die Social Media-Aktivitäten dann direkt gegen die konkrete militärische Operationsführung richten.

Entsprechend ihrem Selbstverständnis und Gestaltungsanspruch gehört es zu den klassischen Reflexen staatlicher Institutionen, die sie betreffenden Informationen kontrollieren zu wollen. Spätestens mit Anbruch des Internetzeitalters hat sich jedoch gezeigt, dass es sich bei diesem Anspruch um eine Illusion handelt. Denn zum einen hat die Menge an Akteuren – jeder Smartphonenutzer ist ein potenzieller Produzent medialer Inhalte – wie auch an digitalen Informationen drastisch zugenommen. Zum anderen hat die mediale Kommunikation durch die technischen Möglichkeiten des Internets eine extreme Komplexitätssteigerung erfahren. Die Kommunikation im Netz im eigenen Sinne zu überwachen oder zu steuern ist daher praktisch unmöglich. Selbst wenn einzelne Internetseiten gesperrt werden, lässt sich der digitale Datenfluss über ausländische Proxy-Server aufrechterhalten. Im Übrigen sind Zensur oder gar das komplette Abschalten der Web-Infrastruktur für westliche Streitkräfte auch deshalb kein gangbarer Weg, weil sie Werten wie Meinungsfreiheit und Pluralismus widersprechen, deren Missachtung den Militäreinsatz zwangsläufig delegitimieren würde.

Streitkräfte im Auslandseinsatz sind daher heute einer Transparenz ausgesetzt, die in der Militärgeschichte ohne Beispiel ist. Reibungsverluste und Fehler werden umfassend online dokumentiert und diskutiert: Seien es Schwächen in der Operationsführung, individuelles Fehlverhalten oder militärische Fehlschläge wie etwa die Bombardierung des Dorfes Azizabad in der afghanischen Provinz Herat durch die US-Air Force am 22. August 2008. Anstelle von Taliban-Kämpfern wurden dabei fälschlicherweise bis zu 90 Zivilisten getötet, die meisten davon Kinder.[3] Dieses Beispiel bzw. die Bilder, die bald darauf im Netz kursierten, zeigt, dass sich auch in den entlegensten Regionen des Einsatzraumes „Augenzeugen“ finden, die in der Lage sind, Informationen über ausländische Streitkräfte mit den Mitteln des mobilen Internets in die Öffentlichkeit zu tragen. Hinzu kommt, dass auch immer wieder eigene Soldaten ohne Kenntnis der Führung kritisches Filmmaterial aus dem Einsatz onli-

---

[3] Nik Gowing: „Skyful of Lies“ and Black Swans. The new tyranny of shifting information power in crises, Oxford 2009, S. 22 f.

ne distribuieren, wie die Filmdokumentation des Crashs zweier Schnellboote der Bundesmarine vor Libanon im Jahr 2007 beweist.[4]

Mit dem Verlust der Informationskontrolle geht im Krisenfall oftmals der Verlust der Interpretationshoheit einher. Die Nutzer von Social Media stellen ihre Inhalte ungefiltert ins Netz. Journalistische Grundsätze wie die Prüfung des Wahrheitsgehalts oder der Angemessenheit spielen dabei keine Rolle. Niemand sorgt für das Recht auf direkte Gegenrede. Die komplexe Dynamik des Kommunikationsprozesses erzeugt dann schnell eine Resonanz in der Netzgemeinde, die es staatlichen Akteuren extrem erschwert, mit ihrer Position durchzudringen oder gar die Meinungsführerschaft zu bewahren. Dies ist eine Tatsache, der sich auch die Bundeswehr im Auslandeinsatz stellen muss. Ziel sollte daher sein, neue Konzepte und Verfahren zu etablieren, die diesen Rahmenbedingungen Rechnung tragen.

2.3 Der Faktor Zeit und die neue Dynamik der Kommunikation

Der Verlust der Informationshoheit ist jedoch nur *ein* wichtiger Aspekt. Ebenso entscheidende Bedeutung haben der Faktor Zeit wie auch die neue Dynamik der Kommunikationsprozesse in sozialen Netzwerken. Auch dadurch hat sich die Lage für Streitkräfte im Einsatz qualitativ grundlegend gewandelt.

---

[4] Schnellboot-Crash vor Libanon, in: Stern.de, 22. Juni 2007, abgerufen am 14. August 2012.

Während es früher immer eines gewissen Zeitraums bedurfte, bis ein Ereignis von den klassischen Medien wahrgenommen und bewertet sowie anschließend verarbeitet und veröffentlicht wurde, so erfolgt die Veröffentlichung von Nachrichten im Bereich von Social Media heute quasi unmittelbar und ohne Zeitverzug. Mittels eines Smartphones lässt sich beispielsweise eine Situation in einem Kampfeinsatz ohne großen Aufwand filmen. Die Filmdatei wird dann direkt innerhalb von Minuten via „Facebook" an einen bestimmen Verteilerkreis „geposted" oder über „Youtube" der allgemeinen Öffentlichkeit zugänglich gemacht.

Dieses Momentum der Echtzeit prägt den medialen Diskurs auch im weiteren Verlauf entscheidend, denn es bleibt bestehen. Filmbeiträge oder Zeitungsartikel sind nach der Veröffentlichung nicht mehr zu verändern. Social Media-Inhalte dagegen lassen sich problemlos überarbeiten – Texte können angepasst, multimediale Dateien in geänderter Version neu hochgeladen werden. Durch die dialogbasierte, rekursive Form der Kommunikation findet zudem quasi automatisch eine permanente Aktualisierung statt.

Dieser Umstand verweist auf einen weiteren Aspekt, der die Kommunikation im Web 2.0 prägt: Durch ihre Komplexität infolge einer hohen Vernetzungsdichte und vieler spontan aktiver Netzwerkknoten erfüllen die sozialen Netzwerke die systemische Voraussetzung für sich selbst verstärkende Dynamiken. In der Chaostheorie beschreibt man diesen Effekt als „positive Rückkopplung". Dabei erhöht sich die

Wachstumsdynamik eines Prozesses durch einen iterativen Selbstrückbezug, wodurch das Wachstum exponentiell zunimmt. Die Dynamik wird nicht von einem feststehenden Sollwert begrenzt, sondern das Ergebnis jedes Wachstumsschritts wird zum Ausgangspunkt des nächsten. Ein Beispiel für eine derartige exponentielle Wachstumsdynamik ist die ungehinderte Vermehrung von Populationen.[5]

Auf Social Media-Plattformen wie „Facebook" verbreiten sich von den Nutzern als relevant identifizierte Informationen rasant über das komplexe Netzwerk aus individuellen Verteilerlisten. Der Prozess pflanzt sich ähnlich einem Schneeballsystem fort. Eine sich selbst verstärkende Wachstumsdynamik entsteht dabei aber insbesondere auch infolge einer spezifischen technischen Voraussetzung von Social Media, die bei „Facebook" durch den „Gefällt mir"-Button und bei „Twitter" durch die sogenannte Retweet-Funktion realisiert wurde. Dadurch lassen sich Informationen immer wieder in das System zurückspeisen.

Bei staatlichen Institutionen und auch bei Streitkräften im Einsatz erzeugen die extreme Beschleunigung und die ungeheure Dynamik der Kommunikation einen bislang unbekannten Handlungsdruck. Konnten die Akteure früher davon ausgehen, Informationen zunächst für eine gewisse Zeit intern bzw. nichtöffentlich entsprechend dem Arbeitsrhythmus der eigenen Organisation verarbeiten, Reaktionen abstimmen und Maßnahmen definieren zu können, so

[5] Ludolf Herbst: Komplexität und Chaos. Grundzüge einer Theorie der Geschichte, München 2004, S. 238 f.

ist dieses Zeitfenster heute praktisch nicht mehr existent. Im Social Media-Zeitalter gilt es, ad hoc zu reagieren. Wer dies nicht tut, überlässt den medialen Diskurs zu einem eigenen Issue anderen.

2.4 Die Grenzen hierarchischer Informationsverarbeitung

Um zu verstehen, vor welch gewaltige Herausforderung die Informationsflut und die kommunikative Dynamik des Internetzeitalters Streitkräfte heutzutage stellen, soll zunächst auf Grundlage der allgemeinen Systemtheorie das Organisationsprinzip moderner Armeen beschrieben werden.

Das Militär ist demnach – wie beispielsweise auch Wirtschaft oder Rechtswesen – ein Teilsystem der modernen, funktional differenzierten Gesellschaft. Durch diese Ausdifferenzierung erhöht sich der Grad der Komplexität einer Gesellschaft und damit auch ihre Effizienz. Jedes Teilsystem organisiert sich dabei intern nach seinen eigenen Regeln, einem spezifischen selbstreferentiellen Kommunikationscode. Man bezeichnet dies als „operative Geschlossenheit", da das Teilsystem seine Elemente, deren Beziehungen zueinander und die elementaren Systemoperationen in einem rekursiven Prozess dynamisch selbst erzeugt.[6]

Das interne Regelungssystem von Streitkräften basiert vor allem auf dem Prinzip bürokratisch-hierarchischer Organisation. Die hierarchische Bin-

[6] Vgl. Niklas Luhmann: Soziale Systeme. Grundriss einer allgemeinen Theorie, 5. Aufl., Frankfurt a. M. 1994, S. 15 ff.

nendifferenzierung findet in der Bundeswehr ihren Ausdruck etwa in der Gliederung vom Generalinspekteur hinab bis zu den Einheitsführern oder in der zentralisierten Weisungsbefugnis. Der Grad der bürokratischen Selbststeuerung lässt sich andererseits an spezifischen, vereinheitlichten Regelungen für Beförderungsstandards, Ausbildungsinhalte oder etwa Beschaffungsverfahren ablesen.[7]

Historisch betrachtet hat sich das hierarchische Organisationsprinzip im Prozess der Ausdifferenzierung moderner Staatswesen als äußerst leistungsfähig erwiesen. Allerdings ist die besondere Problemlösungskapazität dieses Ansatzes nur solange gegeben, wie sich anstehende Problemstellungen in Teilaufgaben zerlegen lassen, deren Teillösungen anschließend zu einer Gesamtlösung zusammengefügt werden können. Das Prinzip verliert seine Wirksamkeit jedoch dann sehr schnell, wenn „zwischen Teillösungen auf unterschiedlichen Ebenen laterale Beziehungen bestehen, die Querschnittsverknüpfungen, ebenenübergreifende Koordination, hierarchiefreien Diskurs, hohe Entscheidungsautonomie vor Ort etc. verlangen".[8] Es sind genau diese Herausforderungen eines komplexen Systemumfelds, die für Streitkräfte durch Social Media entstanden sind.

---

[7] Vgl. Daniel Giese: Die SED und ihre Armee: die NVA zwischen Politisierung und Professionalismus 1956-1965, München 2002, S. 16 ff.

[8] Helmut Willke: Systemtheorie III: Steuerungstheorie – Grundzüge einer Theorie der Steuerung komplexer Sozialsysteme, 2. Aufl., Stuttgart 1998, S. 70.

Weitverzweigte Hierarchien neigen dazu, auf steigende Komplexität durch immer detailliertere Regelungen zu reagieren, um ihren Anspruch auf zentralisierte Kontrolle wenigstens scheinbar zu verwirklichen. Beim Militär sind Beispiele dafür die Führung qua Befehlstaktik, das Ziel übergeordneter Stäbe, jede verfügbare Information vollständig zu klassifizieren und zu verarbeiten, oder eine Pressearbeit im Einsatz, die jede mögliche Eventualität durch vorab formulierte Sprachregelungen abzubilden versucht. Diese Tendenz zur Überregulierung führt dazu, dass die Organisation quasi an sich selbst zu ersticken droht. Der Kommandeur oder der militärische Führer vor Ort verfügt dadurch in der Praxis häufig nur über einen sehr eingeschränkten Gestaltungsspielraum. Fehlende Entscheidungsautonomie reduziert die Möglichkeiten zu unmittelbarem eigenverantwortlichem Handeln. Dadurch verringern sich Effizienz und Leistungsfähigkeit.

Während die hierarchisch-zentralisierte Steuerung von oben nach unten latent zu Überregulierung neigt, so ist der Informationsfluss von unten nach oben durch ein charakteristisches Komplexitätsgefälle geprägt. Da die Informationsverarbeitungskapazität jedes Entscheidungszentrums begrenzt ist, werden die nach oben weitergegebenen Informationen durch nachgeordnete Einheiten aggregiert, wodurch sie automatisch an Komplexität verlieren. Wichtige Details gehen auf diese Weise unter Umständen verloren. Eine von oben gesteuerte Entscheidungsfindung droht so die Anschlussfähigkeit an die komplexe, sich verändernde Lage vor Ort zu verlieren.

Dazu kommt im Internetzeitalter noch die geänderte zeitliche Dimension. Durch den ungeheuren Zeitdruck infolge der Echtzeitkommunikation im Netz tritt nunmehr schonungslos zutage, dass die übergeordnete militärische Führung die Flut an komplexen Informationen in einem vertretbaren Zeitrahmen mit den Mitteln der hierarchischen Detailsteuerung nicht mehr bewältigen kann. Hierarchie als dominierendes Organisationsprinzip von modernen Streitkräften stößt unter den Bedingungen von Social Media daher erkennbar an harte Grenzen.

2.5 Die selektive Wahrnehmung der gesellschaftlichen Wirklichkeit

Die Aufgabe westlicher Streitkräfte im Einsatz ist es heute überwiegend nicht, feindliche Armeen in einem klassischen Kriegsszenario militärisch zu besiegen. Strategische Priorität haben stattdessen in der Regel zivile Zielstellungen, die es durch friedenserhaltende, stabilisierende und friedenserzwingende Maßnahmen zu erreichen gilt. So kann es sein, dass die Bundeswehr wie im Kosovo das Aufflammen eines kriegerischen Konflikts zwischen verschiedenen Volksgruppen verhindern soll oder wie in Afghanistan einen militärischen Beitrag zur Stabilisierung und zum Aufbau des Landes leistet. Gemein haben alle diese Einsätze zudem, dass sie unter einem zivilen Mandat stattfinden.

Dieser Umstand verweist auf das Problem der selektiven Wahrnehmung der gesellschaftlichen Realität; einer Realität, in der vornehmlich zivile Normen maßgebend sind. Als sich selbst organisierende Systeme verfügen Streitkräfte prinzipiell jedoch nur über ein spezifisch militärisches Bezugssystem, um sich den Zugang zu ihrer gesellschaftlichen Umwelt im Einsatzgebiet zu erschließen.

Denn Selbstbezüglichkeit kennzeichnet nicht nur die Operationsweise innerhalb des Systems. Vielmehr bestimmen die spezifischen Regeln, durch die sich das System selbst steuert, auch die Art und Weise, wie es seine Umwelt beobachtet und seine subjektive Wahrnehmung der Wirklichkeit selbstbezüglich konstruiert. Entsprechend dem systemeigenen, operativ geschlossenen Kommunikationscode wird die Komplexität in der Umwelt dabei reduziert, relevante externe Informationen anhand von Leitdifferenzen intern selektiert, strukturiert und verarbeitet.[9] Im Fall von Streitkräften ist das Kommunikationsmuster an Leitdifferenzen wie Stärkung bzw. Schwächung der Einsatzbereitschaft oder die Erreichung bzw. Nichterreichung eines militärstrategischen Ziels ausgerichtet.

Im Ergebnis sind Streitkräfte daher gegenüber den meisten Ereignissen in ihrer Umwelt – nämlich allen militärisch nicht relevanten – indifferent, da sie keine Anschlussfähigkeit an die interne Rationalität des Militärs besitzen. Für Armeen im Einsatz kann es jedoch gravierende Konsequenzen haben, im Hinblick auf die zivilgesellschaftliche Sphäre gewissermaßen „blind“ zu operieren.

---

[9] Helmut Willke: Systemtheorie II: Interventionstheorie – Grundzüge einer Theorie der Intervention in komplexe Systeme, 2. Aufl., Stuttgart 1996, S. 13 ff, 142 ff.

Ein prominentes Beispiel dafür aus dem Kontext des Bundeswehreinsatzes in Afghanistan ist das von Oberst Georg Klein, Kommandeur des Provincial Reconstruction Teams (PRT) Kunduz, initiierte Bombardement zweier durch Taliban gekaperter Tanklastwagen am 4. September 2009 rund sieben Kilometer vor dem dortigen Feldlager.[10] Hier ist augenfällig, dass die zivile Dimension des Vorgehens offenbar kaum eine Relevanz besaß und daher nicht in die militärische Entscheidungsfindung mit eingeflossen ist. Wäre die öffentliche Wirkung bei einem Fehlschlag des Bombardements jedoch von vornherein mitbedacht worden, hätte die militärische Führung vor Ort vermutlich sehr viel konkretere Überlegungen angestellt, wie die Tanklastwagen mit anderen Mitteln oder bei geänderter, eindeutigerer Lage zu einem späteren Zeitpunkt zu stoppen gewesen wären. So aber verursachte das konkrete Vorgehen einen immensen Imageschaden für die Bundeswehr, nicht zuletzt bei der Bevölkerung in der Region, der durch den vermeintlichen militärischen „Erfolg" in keiner Weise aufgewogen wurde.

Westliche Streitkräfte wie die Bundeswehr müssen daher unter den heute vorherrschenden Rahmenbedingungen die institutionellen Voraussetzungen schaffen, um die für ihren Einsatz relevanten Ansprüche, Erwartungen, Interessen, Meinungen und Diskurse in der zivilgesellschaftlichen Sphäre erkennen und

---

10 Beschlussempfehlung und Bericht des Verteidigungsausschusses des Deutschen Bundestages als 1. Untersuchungsausschuss gemäß Artikel 45a Absatz 2 des Grundgesetzes, Drucksache 17/7400, Berlin, 25. Oktober 2011, S. 39 ff.

verarbeiten zu können. Denn in ihrer konkreten Ausprägung sind sie oftmals eine direkte Folge des militärischen Vorgehens, nicht zuletzt von Fehlentwicklungen. Gelingt dies nicht, bedeutet es zwangsläufig eine Gefährdung der Glaubwürdigkeit der Truppe vor Ort und in der Folge der Legitimität des gesamten Einsatzes.

2.6 Der aktuelle Stellenwert Strategischer Kommunikation in der Bundeswehr

Infolge der globalen Verbreitung des mobilen Internets wie auch von Social Media ist die Operationsführung von Streitkräften im Einsatz heute durch vielfältige kommunikative Herausforderungen geprägt. Es ist offensichtlich, dass der Erfolg eines Einsatzes nicht mehr nur von rein militärischen Faktoren abhängt. Kommunikation ist vielmehr in der Regel ein mindestens ebenso wichtiger Gesichtspunkt, um die übergeordnete strategische Zielsetzung eines Einsatzes zu erreichen. Vor dem Hintergrund dieser geänderten Rahmenbedingungen wird nachvollziehbar, warum die International Security Assistance Force (ISAF) im Oktober 2008 die Strategische Kommunikation als integralen Bestandteil ihrer Operationen implementierte.[11]

In Deutschland ist diese Entwicklung bislang nicht im gebotenen Maße rezipiert worden. Insofern verwundert nicht, dass auf der Website der Bundes-

---

[11] Headquarters ISAF, ISAF Strategic Communications Strategy, Kabul, October 2008.

wehr derzeit zum Thema „Strategische Kommunikation“ kein offizielles Dokument verfügbar ist.[12] In der am 1. Juli 2013 durch den Bundesminister der Verteidigung erlassenen neuen „Konzeption der Bundeswehr“ ist der Begriff „Strategische Kommunikation“ nicht aufgeführt.[13]

In den deutschen Streitkräften ist man weit entfernt von einer integrierten Kommunikationsarbeit auf Basis einer nationalen Informationsstrategie. Nicht nur, dass es für die Strategische Kommunikation in der Bundeswehr derzeit weder Grundlagen noch Leitlinien gibt. Offenbar widersprechen die deutschen Konzepte und Vorschriften für die verschiedenen kommunikativen Aufgaben in Teilen den im Afghanistaneinsatz praktizierten Verfahren.[14]

Wie sehr die strategische Bedeutung von Kommunikation bei den Verantwortlichen noch immer unterschätzt wird, sieht man nicht zuletzt daran, wie zurückhaltend das Thema „Social Media“ in der Bundeswehr noch immer behandelt wird. Im Ergebnis gibt es bislang kein Konzept, wie Social Media gewinnbringend im Einsatz genutzt werden könnten, während die US-Streitkräfte dafür bereits seit einigen Jahren über ein offizielles „Social Media Handbook“ verfügen.[15]

---

12 www.bundeswehr.de/portal/a/bwde, abgerufen am 25. August 2013.

13 Konzeption der Bundeswehr, Berlin 2013.

14 Dietger Lather: Strategische Kommunikation, Koblenz 2010, S. 10 ff.

15 The United States Army Social Media Handbook, version 3, Washington, DC 2012.

Ein Grundproblem besteht darin, dass derzeit im Bereich des Verteidigungsministeriums offenbar keine umfassende Informationsstrategie als Grundlage für die Strategische Kommunikation im Einsatz existiert. Die übergeordnete ministerielle Kommunikation ist in erster Linie durch die politische Agenda des Ministers bestimmt und hat dadurch zuvorderst einen innenpolitischen Fokus. Dabei werden zwar Kernbotschaften entwickelt, jedoch dienen sie im Folgenden nicht als Grundlage für eine streitkräfteweite koordinierte Planung aller Kommunikationsmaßnahmen.[16]

Ursächlich dafür ist vor allem die Rolle des Presse- und Informationsstabes des Ministeriums, der seinem Selbstverständnis nach die externe Kommunikation bestimmt. Daraus resultiert fast zwangsläufig, dass der Schwerpunkt der Informationsarbeit des Ministeriums auf der klassischen Presse- und Öffentlichkeitsarbeit liegt und es zu einer nicht mehr zeitgemäßen Konzentration auf die Massenmedien als Hauptzielgruppe kommt.[17]

Eine integrierte Strategische Kommunikation wird auch dadurch verhindert, dass der Presse- und Informationsstab an einer Zusammenarbeit mit der Operativen Information und Informationsoperationen anscheinend wenig Interesse hat, weil ein Glaubwürdigkeitsverlust für die eigene Informationsarbeit befürchtet wird. Diese Verfahrensweise ist in der zivilen Unternehmenskommunikation auch zu sensiblen Themen unüblich. Auf diese Weise kommt es zu einer

---

[16] Lather, Strategische Kommunikation, S. 47 ff., 94.

[17] Ebda., S. 30 f., 94.

künstlichen Aufteilung von Botschaften, Zielgruppen und Aktivitäten, die in der Praxis jedoch nicht durchzuhalten ist und zu Parallelstrukturen, inhaltlichen Überschneidungen und Widersprüchlichkeiten führt. Eine konsistente integrierte Kommunikationsarbeit mit einem übergeordneten strategischen Ansatz, allgemeinverbindlichen Sprachregelungen und einer koordinierten Kampagnenplanung ist so nicht möglich.[18] Die negativen Folgen wurden beispielsweise 2005 beim Einsatz der Bundeswehr in Kinshasa augenfällig. Während der Verteidigungsminister bei der Pressekonferenz als Ziel des Einsatzes die Evakuierung deutscher Staatsbürger aus dem Kongo nannte, wurde als Kernbotschaft der Informationsoperationen im Land die Absicherung der Wahlen kommuniziert.[19]

Das mangelnde Verständnis von Strategischer Kommunikation und die Trennung von Pressearbeit und Informationsoperationen auf Ebene des Ministeriums findet zwangsläufig ihre Fortsetzung auf den nachgeordneten Hierarchieebenen. Das betrifft vor allem auch die für Auslandseinsätze relevanten Organisationsbereiche der Bundeswehr. Dementsprechend spielen Strategische Kommunikation und Informationsoperationen in der operativen Führung bzw. der Operationsplanung etwa des Einsatzführungskommandos keine entscheidende Rolle. Der Schwerpunkt liegt hier auf klassischen kinetischen Operationen.

[18] Lather, Strategische Kommunikation, S. 90 ff.

[19] Ebda., S. 88.

Dieser Befund gilt offenbar auch für die von Deutschland geführten Hauptquartiere in Afghanistan.[20]

Hier begreift die militärische Führung Informationsarbeit ebenfalls im Kern allein als Pressearbeit. Ein inhaltlicher Orientierungsrahmen durch nationale strategische Kommunikationsziele fehlt dabei. In der Praxis wird dieser Mangel anscheinend auch nicht durch existierende Vorgaben der NATO oder ISAF kompensiert, denn es zeigt sich, dass die betreffenden Inhalte häufig nicht bis zu den Kommunikationsverantwortlichen vor Ort durchdringen. Die Presse- und Informationsarbeit ist daher auf dieser Ebene in der Regel nur reaktiv.[21]

Exemplarisch für die Nachrangigkeit von Informationsoperationen im Afghanistaneinsatz ist die 2009 im Stab des bundeswehrgeführten Regionalkommandos Nord formulierte Position, Informationsoperationen leisteten keinen erfolgversprechender Beitrag zu den militärischen Operationen. Diese Einschätzung der Wertigkeit dürfte auch daraus resultiert haben, dass zu diesem Zeitpunkt weder Vorgaben noch Zielsetzungen existierten, was mit Informationsoperationen im Einsatz zu erreichen sei.[22]

In der Gesamtschau lässt sich daher feststellen, dass damit sowohl das Verständnis von Kommunikation als auch der organisatorische Rahmen im Gegensatz zu dem unter amerikanischer Initiative im ISAF-Rahmen entwickelten Ansatz stehen, alle kommunika-

---

[20] Lather, Strategische Kommunikation, S. 86 ff.

[21] Expertengespräch am 24. August 2012.

[22] Lather, Strategische Kommunikation, S. 78.

tiven Disziplinen unter einem Direktor Strategische Kommunikation zusammenzufassen, der dem jeweiligen Kommandeur direkt unterstellt ist, wobei das Immediatsverhältnis des Leiters der Presse- und Informationsarbeit bestehen bleibt.[23]

Nach Auffassung der Kommunikationsverantwortlichen der verschiedenen Disziplinen in der Bundeswehr unterhalb der Operationsführung haben sich die national gültigen kommunikativen Grundsätze, Strukturen und Verfahren weder als zielführend noch als tragfähig erwiesen. Die überwiegende Mehrheit schätzt diesen Zustand als unhaltbar ein und hält eine systematische Koordination für zwingend erforderlich. In der Einsatzpraxis vor Ort ist die Abgrenzung von Presse- und Informationsarbeit, Informationsoperationen und Operativer Information daher mittlerweile weitgehend aufgegeben worden. Offenbar ist es jetzt durchaus üblich, dass etwa Mitteilungen vom Pressesprecher und dem Offizier der Informationsoperationen – obwohl eigentlich vorschriftswidrig – gemeinsam formuliert werden.[24]

Die mangelnde Bedeutung Strategischer Kommunikation in der Bundeswehr manifestiert sich schließlich auch darin, dass das Thema in der Ausbildung bislang eine untergeordnete Rolle spielt. Angehenden Stabsoffizieren und Generalstabsoffizieren wird Strategische Kommunikation als ein wesentliches Element der militärischen Operationsplanung derzeit nicht vermittelt. Auch Social Media sind kein Bestand-

---

[23] Lather, Strategische Kommunikation, S. 67 ff.

[24], Ebda., S. 97 ff.

teil ihre Curriculums an der Führungsakademie. Aus dem Kanon integrierter Kommunikation lernen sie nur Change Kommunikation als Bestandteil von Change Management kennen. Ferner erhalten sie ein intensives Medientraining.[25]

Dies hat zur Folge, dass dem militärischen Spitzenpersonal der Bundeswehr, vor allem in Kommandopositionen und höheren Stabsverwendungen, sehr häufig die notwendigen kommunikativen Kompetenzen fehlen. Da auch eine einsatzvorbereitende Ausbildung auf diesem Feld derzeit nicht stattfindet, können sich die betreffenden Offiziere die erforderlichen Fähigkeiten nur „on the job“ im Einsatz aneignen.[26]

Im Bereich Kommunikation konzentriert sich die Bundeswehr derzeit darauf, dem Funktionspersonal in den verschiedenen Disziplinen das erforderliche Spezialwissen zu vermitteln. Dabei spiegelt sich das Prinzip der funktionalen Trennung der kommunikativen Disziplinen auch in der Strukturiertheit der Ausbildung wider. Statt einer fachübergreifenden Ausbildung im Rahmen eines integrierten Ansatzes findet die Ausbildung in unterschiedlichen truppengattungsspezifischen Einrichtungen statt: So werden etwa die Presseoffiziere an der Akademie für Information und Kommunikation (AIK) in Straußberg und das OpInfo-Personal am Zentrum für Operative Information in Mayen ausbildet. Offenbar gibt es aber Überlegungen im Verteidigungsministerium, künftig einen speziellen

---

25 Expertengespräch am 21. August 2012.

26 Lather, Strategische Kommunikation, S. 49.

Ausbildungsgang Information und Kommunikation zu schaffen.[27]

[27] Lather, Strategische Kommunikation, S. 125.

3 Militärische Führung im Internetzeitalter

3.1 Die Konvergenz von militärischer und ziviler Sphäre

Am Beginn des 21. Jahrhunderts ist die Einsatzrealität der Bundeswehr im Ausland nicht zuletzt durch zwei wichtige Faktoren geprägt: den Primat des Zivilen und die gewachsene Bedeutung kommunikativer Prozesse bei der Operationsführung.

Einerseits findet der militärische Einsatz heute in der Regel unter einem zivilen Mandat statt. Die Truppe operiert daher nicht weitgehend auf sich selbst gestellt wie etwa im früheren Kriegsszenario des Ost-West-Konflikts. Vielmehr kooperiert die militärische Führung vor Ort zum Beispiel mit Institutionen aus Politik und Verwaltung. Im Rahmen der zivil-militärischen Zusammenarbeit können die Streitkräfte jedoch auch direkt mit einzelnen gesellschaftlichen Anspruchsgruppen interagieren. Grundsätzlich sind es dabei vor allem zivile Normen und Zielvorstellungen, die den Handlungsrahmen der Streitkräfte definieren, wie sich beispielhaft an Begriffen wie „friedenserhaltende“ oder „stabilisierende Maßnahmen“ ablesen lässt.

Andererseits wird diese charakteristische Konvergenz von ziviler und militärischer Sphäre durch die veränderten kommunikativen Rahmenbedingungen in der Gesellschaft noch einmal verstärkt. Dadurch, dass verschiedene Gruppen, Organisationen und Institutionen sogar in Entwicklungsländern dazu in der Lage sind, ihre Kommunikation via Internet zu organisieren und sich als Akteure am medialen Diskurs zu beteiligen, wird die Interdependenz zwischen Militär und Gesellschaft zusätzlich weiter befördert.

Dieser empirische Befund verweist darauf, dass die Teilsysteme der modernen, funktional differenzierten Gesellschaft wie Militär oder Politik zwar im Hinblick auf ihre internen Organisationsprozesse operativ geschlossen sind, sie aber dennoch auf bestimmte Weise miteinander in Verbindung stehen, denn die Gesellschaft ist ja trotz Differenzierung letztlich integriert. In der Systemtheorie begreift man diese gesellschaftsinternen Umweltbeziehungen zwischen den verschiedenen Teilsystemen als strukturelle Kopplungen. Auf ganz bestimmten Bahnen gibt es wechselseitige, auf Basis von Leitdifferenzen strukturierte Verbindungen zwischen den einzelnen Systemen. So wird beispielsweise die Kopplung zwischen Recht und Politik durch die Verfassung geregelt.[28] Analog dazu erfolgt die strukturelle Kopplung zwischen dem politischen System und den ausländischen Streitkräften zum Beispiel in Afghanistan durch das Völkerrecht.

Neben den klassischen Teilsystemen der Gesellschaft sind Streitkräfte, die in einem zivilgesellschaftlichen Kontext operieren, im Zeitalter des Internets in ihrer Umwelt heute aber vor allem auch mit einer Vielzahl von Medien verknüpft. Wie bei den klassischen Massenmedien handelt es sich wohl auch bei vielen sozialen Netzwerken im Internet um Funk-

---

28 Niklas Luhmann: Die Gesellschaft der Gesellschaft, Teilbd. 2, Frankfurt a. M. 1998, S. 776 ff.

tionssysteme, denn ihre operative Schließung ist nicht zu übersehen: Sie selegieren die eigenen Operationen nach Maßgabe der Leitdifferenz Information/Nichtinformation. Während die Massenmedien mit den Streitkräften über Bahnen wie Recherche oder Presseinformationen gekoppelt sind, erfolgt die strukturelle Verknüpfung mit sozialen Netzwerken über Kommunikationskanäle wie „Facebook“ oder „Twitter“. Aus diesen Überlegungen lassen sich für die Bundeswehr vier Schlüsse ableiten:

1. Die Öffentlichkeit im Einsatzgebiet bewertet Operationen ausländischer Streitkräfte nach Maßgabe ziviler Kriterien. So ist bei einem fehlgeschlagenen Bombardement mit zivilen Toten für die Menschen vor Ort völlig irrelevant, ob das Vorgehen militärisch geboten war. Die Gesellschaft interessiert dagegen ausschließlich, warum es nicht gelungen ist, zivile Opfer zu vermeiden. Hieraus wird deutlich, dass die Bundeswehr künftig in der Lage sein muss, kontinuierlich die Erwartungen, Meinungen und Interessen aller wichtigen gesellschaftlichen Gruppen zu identifizieren, um diese in Echtzeit analysieren und ggf. umgehend in einen direkten Dialog eintreten zu können. Dazu bedarf es einer institutionellen Offenheit und eines spezifischen inhaltlichen Bezugssystems. Nur so kann die Truppe die relevanten Informationen aus der zivilgesellschaftlichen Umwelt selektieren und verarbeiten.

2. Zugleich muss sie dafür die erforderlichen strukturellen Voraussetzungen schaffen. Im Einsatz benötigt sie künftig das gesamte Spektrum der gängi-

gen kommunikativen Instrumente und Disziplinen: von Public Affairs-Maßnahmen im Hinblick auf die örtlichen Entscheidungsträger, über Social Media-Aktivitäten und PR-Maßnahmen zur zielgerichteten Ansprache der unterschiedlichen Zielgruppen bis hin zur klassischen Pressearbeit. Sofern die Kapazitäten bei der Bundeswehr im Einsatzgebiet noch nicht vorhanden sind, müssen diese aufgebaut werden.

3. Es ist unerlässlich, dass der Kommunikationsarbeit ein integrierter Ansatz zugrunde liegt. Die noch immer vorherrschende Sicht, dass Kommunikation in erster Line Pressearbeit ist und die Informationsarbeit vornehmlich nur taktische Bedeutung hat und für die Operationsführung ohne Relevanz ist, gilt es daher zu überwinden. Nur wenn alle verfügbaren Disziplinen gleichrangig, abgestimmt, synchronisiert und inhaltlich konsistent agieren, ist es möglich, schnell und wirkungsvoll zu kommunizieren. Eine Hierarchisierung oder Priorisierung der Kommunikationskanäle wird den Anforderungen durch den komplexen, hochvernetzten und dynamischen Informationsraum in den Einsatzländern in keiner Weise gerecht.

4. Voraussetzung für erfolgreiche Kommunikationsarbeit der Bundeswehr im Auslandseinsatz ist schließlich das strategische Momentum. Kommunikationsmaßnahmen sind kein nachgeordnetes Instrument militärischer Operationen. Vielmehr erläutert auch die militärische Kommunikation den verschiedenen Anspruchsgruppen vor Ort den Sinn und die übergeordnete Zielsetzung des Einsatzes. Da die Ziele

im UN-Kontext zuvorderst politische bzw. zivile sind, folgt das Narrativ der militärischen Kommunikation ebenfalls im Kern zivilen Normen. Nur so ist die Kommunikation im Hinblick auf die Zivilgesellschaft anschlussfähig und kann eine positive Wirkung entfalten.

3.2 Die Notwendigkeit von Glaubwürdigkeit, Transparenz und Dialog

Jeder Auslandseinsatz der Bundeswehr muss in den Augen der Bevölkerung vor Ort über Legitimität verfügen. Ist dies nicht der Fall, wird die Truppe ihre strategischen Ziele nicht erreichen und letztlich keinen Erfolg haben. Über Legitimität verfügt ein Einsatz aber nur, wenn er zum einen den Interessen der ansässigen Bevölkerung dient und dort mehrheitsfähig ist. Zum anderen aber wird die Anwesenheit fremder Streitkräfte nur dann akzeptiert, wenn diese entsprechend den Erwartungen der Bevölkerung operieren. Inwieweit dies der Fall ist, ist nicht nur ein Ergebnis der rein militärischen Operationsführung, sondern vor allem auch abhängig von der Qualität der Kommunikationsarbeit vor Ort – heute weitaus mehr als vor dem Zeitalter von Internet und Social Media. Denn die Neuen Medien wirken als Katalysator und können Legitimitätskrisen in kürzester Zeit weitaus schneller verstärken als in den Tagen der analogen Kommunikationsmittel.

Die Legitimität eines Einsatz wird vor allem durch drei Faktoren konstituiert: Glaubwürdigkeit, Transparenz und Dialog. Westliche Streitkräfte sind gefordert, diese drei Elemente im Rahmen ihrer Operationsführung permanent und nachhaltig zu berücksichtigen. Dies gilt allgemein, vor allem aber bei möglichen Krisenszenarien, die jederzeit auftreten können. In dem Fall ist es umso wichtiger, diesem Ansatz konsequent treu zu bleiben. Denn andernfalls droht dann infolge eines einzigen Ereignisses in kürzester Zeit der Verlust der Legitimität, auch wenn diese zuvor über einen längeren Zeitraum sehr erfolgreich aufgebaut wurde.

Der Krisenfall ist der entscheidende Test für die Glaubwürdigkeit aller staatlichen Akteure.[29] Ohne Zweifel wird die Glaubwürdigkeit erschüttert, wenn Streitkräfte für den Friedenserhalt eingesetzt werden, aber durch eigenes Verschulden Zivilisten zu Tode kommen. Viel entscheidender ist dann jedoch nicht der Vorfall selbst, sondern der Umgang des Militärs vor Ort mit dem konkreten Krisenszenario. Nur wer überzeugend vermitteln kann, dass er kein Teil des Problems ist, sondern Teil der Lösung, wird glaubwürdig bleiben. Die militärische Führung muss klar kommunizieren, dass sie erkannt hat, wo Fehler und Versäumnisse liegen, und sich zu diesen bekennen. Anschließend gilt es überzeugend aufzuzeigen, wie die Krise im Sinne der Betroffen gelöst werden soll. Wenn dies gelingt, vermögen die Streitkräfte in der Position des Handelnden zu bleiben, und sie behalten so den Rückhalt bei der Bevölkerungsmehrheit.

---

[29] Vgl. Florian Ditges/Peter Höbel/Thorsten Hofmann: Krisenkommunikation, Konstanz 2008, S. 18 ff.

Voraussetzung für die Wirksamkeit dieses Ansatzes ist Transparenz als zweites zentrales Prinzip. In der Krise muss die erste Botschaft lauten: Wir sind offen, informieren umgehend die Öffentlichkeit, haben nichts zu verbergen und klären lückenlos auf. Im Zeitalter von Social Media werden Fehler in der Operationsführung wie Vergehen oder Skandale deutlich häufiger und vor allem sehr viel schneller aufgedeckt. Deshalb müssen Streitkräfte im Einsatz den üblichen Reflex von Großorganisationen konsequent überwinden, eigenes Fehlverhalten in der Öffentlichkeit gar nicht oder nur scheibchenweise in dem Glauben einzuräumen, den öffentlichen Diskurs so steuern bzw. kontrollieren zu können. Dieser Weg ist nicht mehr gangbar, weshalb es allein zielführend ist, von vornherein in die Offensive zu gehen und für optimale Transparenz zu sorgen. Auf diese Weise lässt sich die erste Welle der öffentlichen Kritik abschwächen und die evidente Angriffsfläche wird entscheidend verringert.

Drittens ist es von Bedeutung, während der gesamten Krise den Dialog mit der Öffentlichkeit zu führen. Nur wer dialogbereit ist, zeigt Bereitschaft, auf die Betroffenen und ihre Interessen und Bedürfnisse einzugehen. Um zu überzeugen, darf Dialogbereitschaft aber nicht nur eine Behauptung sein. Vielmehr muss sie aktiv gelebt werden. Daher gilt es, kontinuierlich mit der Öffentlichkeit und allen relevanten Stakeholdern zu kommunizieren – und das über alle verfügbaren medialen Kanäle. Durch die Neuen Medien bieten sich Streitkräften im Einsatz vielfältige Möglichkeiten, ihre Zielgruppen schnell und umfassend zu erreichen und die entscheidenden Botschaften zu adressieren. Dabei handelt es sich bei dem Dialog via Social Media aber nicht um eine zusätzliche Möglichkeit der Kommunikation, sondern um eine Notwendigkeit. Der Informationsdynamik im Web kann das Militär nur dann erfolgreich begegnen, wenn es selbst in Echtzeit aktiv kommuniziert. Außerhalb des Krisenszenarios bietet der Dialog zudem die Chance, durch einen kontinuierlichen Informationsaustausch um Unterstützung zu werben, Vertrauen aufzubauen und ein Frühwarnsystem zu etablieren.

3.3 Abbau von Hierarchien und Beschleunigung von Entscheidungsprozessen

Seit Beginn der Neuzeit war die hierarchisch-bürokratische Organisation das Erfolgsrezept moderner Streitkräfte und ein entscheidender Grund für die militärische Überlegenheit westlicher Staaten. Mit der globalen Rezeption von Social Media eingangs des 21. Jahrhunderts scheint dieses Prinzip nun aber im Hinblick auf seine Problemlösungskapazität zumindest in Teilen an seine Grenzen zu stoßen. Tatsächlich bedeuten die explosionsartige Vermehrung von Informationen, die extreme Geschwindigkeit ihrer Verbreitung und die massiv erhöhte Komplexität der Kommunikation eine völlig neue, kaum für möglich gehaltene Herausforderung für die künftige Handlungsfähigkeit des Militärs.

Es zeigt sich, dass es unter diesen Rahmenbedingungen nicht zielführend ist, auf ein Mehr an zentralisierter Steuerung und hierarchischer Kontrolle zu setzen. Da sich das gesellschaftliche Umfeld nicht linear, sondern gewissermaßen in einem Quantensprung verändert hat, verfügt dieser Ansatz kaum mehr über Problemlösungskapazität. Moderne Streitkräfte müssen vielmehr nach einem qualitativ neuen Ansatz suchen, um die Zunahme an Komplexität bewältigen zu können.

Ein Organisations- und Handlungskonzept, das diese Anforderungen erfüllt, ist die Steuerung durch Rahmenordnungen. In der allgemeinen Systemtheorie wird diese als Kontextsteuerung bezeichnet. Anstelle des Versuchs, die Komplexität durch ein exponentielles Wachstums von Anordnungen und Bestimmungen zu bewältigen, mit denen jedes Detail von oben nach unten geregelt und die Umsetzung kontrolliert werden soll, erfolgt die Steuerung indirekt über das jeweilige Umfeld, also den Kontext. Statt einer unüberschaubaren Anzahl an Einzelregelungen gibt es wenige einfache Regeln, die den einzelnen Teilsystemen bzw. bürokratischen Verwaltungseinheiten ein hohes Maß an Selbstorganisationsfähigkeit eröffnen. Dies gelingt, da es sich bei den Regeln im Rahmen der Kontextsteuerung nicht um detaillierte technokratisch-bürokratische Vorgaben handelt, sondern vielmehr um abstrakte Prinzipien und Werte. Durch ihren normativen Charakter ermöglichen sie es, dass alle Beteiligten in gleicher Weise agieren.[30] Der Zugewinn an Hand-

---

30 Ludolf Herbst: Ist eine Theorie der Geschichte möglich? Sonntagsvorlesung im Rathaus Pankow am 25. Mai 2005, hrsg. v.

lungsautonomie der Teilsysteme infolge von Kontextsteuerung bedeutet auf der anderen Seite, dass der Bedarf an Steuerung von oben reduziert wird, was eine gravierende Ersparnis an Aufwand und Zeit zur Folge hat. Zudem verhindert es, dass von übergeordneter Stelle Steuerungsimpulse ausgehen, die den Gegebenheiten vor Ort und der Expertise der nachgeordneten Ebenen widersprechen.

Welche Schlüsse lassen sich auf Basis dieser theoretischen Überlegungen nunmehr konkret für die Organisationsstrukturen und die Führungsprozesse der Bundeswehr im Bereich der Kommunikationsarbeit ziehen?

Wenn die Streitkräfte ihre Leistungsfähigkeit auch unter den gesellschaftlichen Bedingungen des Internetzeitalters bewahren wollen, müssen sie in Zukunft Selbstorganisation und Kontextsteuerung als wesentliche Organisationsprinzipien rezipieren. Für die militärische Führung – Verteidigungsministerium, Einsatzführungskommando – bedeutet dies zunächst, dass sie sich in der Kommunikationsarbeit zuvorderst auf die Formulierung der übergeordneten Strategie konzentriert und für die operative Arbeit vor Ort einen Orientierungsrahmen entwickelt. In enger Verzahnung mit den politischen Vorgaben gilt es, Kommunikationsziele, Narrative und Kernbotschaften zu formulieren, die die Kommunikation auch auf nachgeordneter Ebene normieren. Diese müssen perma-

---

Werkstatt für Zukunftsforschung und -gestaltung e. V., Berlin-Buch 2005, o. Pag.

nent an die weitere politische und die spezifisch militärische Entwicklung angepasst werden.

Diese Fokussierung auf die Kontextsteuerung setzt bei der übergeordneten Führung Kapazitäten frei, sich vor allem auf die strategische Dimension der Kommunikationsarbeit zu konzentrieren. Andererseits verzichtet die Führung darauf, alle verfügbaren Informationen abzufordern, auszuwerten und zu klassifizieren, um anschließend auf Basis eines vermeintlich umfassenden Lagebildes die Kommunikation vor Ort bis ins kleinste Detail zu regeln. Langwierige Abstimmungsschleifen entfallen.

Konsequenterweise vergrößert dieser Ansatz den Entscheidungsspielraum der militärischen Führer vor Ort wie auch der betreffenden Kommunikationsverantwortlichen. Durch die Kontextsteuerung erhalten sie mehr Autonomie, ihre Arbeit selbst zu organisieren. Erst so werden sie wirklich in die Lage versetzt, jederzeit eigenständig innerhalb des vorgegebenen Orientierungsrahmens zu agieren. Dadurch wird eine effiziente Kommunikationsarbeit „von vorne" möglich, denn nur hier kennt man letztlich die konkreten Anforderungen und die relevanten Zielgruppen. Vor allem aber entscheidet der Führer vor Ort selbstständig, wann er welche Informationen an die übergeordnete Führung weitergibt.

Diese Vorgehensweise bedeutet allerdings nicht, dass die Verantwortlichen vor Ort quasi losgelöst ohne jegliche Kontrolle handeln. Das Gegenteil ist der Fall, denn ihr Handeln bleibt zu keinem Zeitpunkt folgenlos. Die Truppenführer und Kommunikationsverantwortlichen bleiben dafür verantwortlich, dass ihre Aktivitäten entsprechend der übergeordneten Zielsetzung erfolgen. Der Paradigmenwechsel ist jedoch, dass die Kontrolle durch die übergeordnete Führung bei diesem Konzept jetzt nachgelagert erfolgt. Die Kommunikationsarbeit wird auf Grundlage der erreichten Ergebnisse bewertet. Diese werden selbstverständlich evaluiert, nicht zuletzt um daraus wiederum Schlüsse für eine eventuell nötige Anpassung der strategischen Rahmensetzung ziehen zu können.

Letztlich bewirkt dieser Ansatz eine signifikante Erhöhung der militärischen und kommunikativen Leistungsfähigkeit. Da eine langwierige Rückkopplung nach oben entfällt, kann die Truppe vor Ort jetzt in Echtzeit entscheiden bzw. kommunizieren. Das führt zu einer starken Beschleunigung der Entscheidungsprozesse. Die Verantwortlichen werden so in die Lage versetzt, jederzeit agieren zu können, anstatt der Entwicklung hinterherzulaufen und nur zu reagieren, wie dies derzeit in der Praxis häufig der Fall ist.

Ein weiterer Vorteil ist, dass Kontextsteuerung ermöglicht, Hierarchieebenen zwischen der Truppe vor Ort und der übergeordneten Führung abzubauen. Da dieses Führungskonzept komplexe Prozesse managen kann, ist es nicht nur nicht erforderlich, sondern sogar hinderlich, Zwischeninstanzen wie etwa zusätzliche Stäbe zu etablieren, die den Führungsprozess nur linear organisieren können. Dadurch aber werden die Diskussions- und Entscheidungsprozesse nicht nur deutlich verlangsamt. Vielmehr wirken diese Zwischeninstanzen auch als Filter, der in entscheidenden Situationen bewirken kann, dass relevante Informationen nicht, zu spät oder mit dem falschen „Spin“ bei der übergeordneten Führung ankommen.

3.4 Ein Plädoyer für die Auftragstaktik

Das „Führen mit Auftrag“, die sogenannte Auftragstaktik, ist ein im deutschen Militär seit über 100 Jahren etabliertes Führungsprinzip und war in der Vergangenheit ein wichtiger Grund für die hohe Leistungsfähigkeit deutscher Streitkräfte.

Führen mit Auftrag bedeutet, dass die militärische Führung der nachgeordneten operativen Ebene nur das zu erreichende Ziel vorgibt, nicht aber eine detaillierte Handlungsanweisung, wie dieses im Einzelnen zu erreichen ist. Vielmehr erhält der Unterführer mit dem Auftrag einen Orientierungsrahmen innerhalb dessen er weitgehend eigenständig handelt. Dies garantiert ihm größte Flexibilität und Selbstorganisationsfähigkeit in der Umsetzung. Voraussetzung ist allerdings, dass der Unterführer die Absicht der höheren Führungsebene kennt. Er muss also ein allgemeines Verständnis haben von den übergeordneten bzw. strategischen Zielen. Wenn dies der Fall ist, ist er dazu befähigt, im Falle einer Lageänderung die Auftragsausführung eigenverantwortlich im Sinne der Zielsetzungen der vorgesetzten Instanz zu verändern.

In der Führungspraxis der Bundeswehr hat die Auftragstaktik zuletzt offenkundig zunehmend an Relevanz verloren. Dies dürfte nicht zuletzt auch daran liegen, dass die deutschen Streitkräfte im Einsatz in der Regel im multinationalen Rahmen agieren und das Führen mit Auftrag in anderen Armeen weder über den Stellenwert noch über eine vergleichbare Tradition verfügt wie in den deutschen Streitkräften. Dies hat dazu geführt, dass die Auftragstaktik in der Führungspraxis anscheinend immer weniger als grundlegendes Führungsprinzip begriffen wird, sondern oftmals nur mehr als einfaches Motivationsinstrument.[31]

Insofern verwundert es nicht, dass es regelmäßig Vorstöße gibt, die Auftragstaktik zu revitalisieren. In diesem Sinne forderte Bundesverteidigungsminister Thomas de Maizière anlässlich der Vorstellung der Nachfolgeregelung zum Blankeneser und Berliner Erlass im März 2012: „Wir brauchen wieder eine Organisationskultur, die diejenigen belohnt, die Mut beweisen und Verantwortung übernehmen. Wir brauchen wieder eine Kultur der Verantwortung, die sich durch selbstständiges Arbeiten und gute Führung auszeichnet.“ Daher postulierte er das „„Führen mit Auftrag"“ als maßgebendes Prinzip „„guter Führung"“ in der Bundeswehr.[32] Dennoch ist auffällig, dass Statements wie dieses zumeist als Appell formuliert sind, die auf eine notwendige Veränderung von Mentalität

---

31 Rainer Senger: Auftragstaktik – Tradition, Erfahrung, Chance, in: Hans-Christian Beck/Christian Singer (Hrsg.): Entscheiden – Führen – Verantworten. Soldatsein im 21. Jahrhundert, Berlin 2011, S. 72 ff.

32 Rede des Bundesministers der Verteidigung, Dr. Thomas de Maizière, anlässlich der Vorstellung der Nachfolgeregelung zum Blankeneser und Berliner Erlass am 21. März 2012 im Militärhistorischen Museum der Bundeswehr in Dresden, in: www.bmfg.de, abgerufen am 25. Oktober 2012.

und Bewusstsein abheben, in der Frage der Anwendung der Auftragstaktik unter den Bedingungen des 21. Jahrhunderts zumeist jedoch wenig konkret sind.

Eine Möglichkeit, dieses Defizit zu überwinden, bietet die allgemeine Systemtheorie, denn sie verfügt über die theoretischen Konzepte, die Auftragstaktik zu reformulieren. Im Kern handelt es sich beim Führen mit Auftrag nämlich um Kontextsteuerung. Wie im vorangegangenen Abschnitt gezeigt wurde, ist Auftragstaktik im Sinne von Kontextsteuerung ein zukunftsfähiges militärisches Führungsprinzip, mit dem Streitkräfte auch in den komplexeren Einsatzszenarien des Internetzeitalters führungs- und handlungsfähig bleiben.

Will die Bundeswehr auch künftig auf Auftragstaktik bzw. Kontextsteuerung setzen, muss sie allerdings im Blick behalten, dass sie dann auch militärische Führer mit den entsprechenden Kompetenzen benötigt, die auf dieser Grundlage eigenverantwortlich handeln können. Erforderlich sind dabei zum einen militärische Expertise, zum anderen aber auch klassische überfachliche Führungsqualitäten. Nur so ist der Führer dazu in der Lage, den Gestaltungsspielraum, der ihm eingeräumt wird, wirkungsvoll und zielführend auszufüllen. Neben dem Erlernen des Kommunikationshandwerks geht es also immer auch um die Vermittlung wichtiger Soft Skills wie etwa der Erziehung zu einer gemeinsamen Grundhaltung. Insofern würde viel dafür sprechen, die Vermittlung der „Inneren Führung“ institutionell und curricular enger mit der Ausbildung an der Führungsakademie zu verbinden.

Kontextsteuerung bedeutet in dem Zusammenhang nämlich vor allem auch, dass ein allgemeingültiger Orientierungsrahmen aus Normen und Werten innerhalb der Streitkräfte existieren muss, der Entscheidungshandeln besonder in Krisen- und Konfliktsituationen gewissermaßen vorstrukturiert. Auf diese Weise wird sichergestellt, dass Führung ohne detaillierte Kontrolle auch auf nachgeordneter Ebene entsprechend den übergeordneten Prinzipien erfolgt. Zudem erhöht sich so das Maß an Selbstkontrolle auf jeder Führungsebene signifikant. Richtlinien und Verordnungen allein bilden hier keine ausreichende normative Basis.

Zum Wertekanon im Rahmen von Kontextsteuerung sollte in jedem Fall auch eine offene Fehlerkultur gehören. Wer in Echtzeit kommuniziert, macht zwangsläufig Fehler. Das gilt es zu akzeptieren bzw. zu tolerieren, da dieser Ansatz alternativlos ist. Denn gar nicht oder zu spät zu kommunizieren, ist in Zeiten von Social Media immer die schlechtere Entscheidung. Kontextsteuerung versucht nicht, alle Kapazitäten dafür einzusetzen, alle möglichen Fehler von vornherein auszuschließen, was in einem komplexen Umfeld zudem nicht möglich ist. Vielmehr werden die Streitkräfte als „lernende Organisation" dazu in die Lage versetzt, aus der Führungspraxis die erforderlichen Schlüsse zu ziehen, um Fehler künftig wirkungsvoller zu vermeiden. Insofern ist eine gelebte Fehlerkultur conditio sine qua non, die eigenverantwortliches Handeln mit Entscheidungsmut letztlich erst ermöglicht.

3.5 Kommunikation als zentrale strategische Führungsaufgabe

Streitkräfte im Einsatz bewegen sich heute in einem völlig anderen Umfeld als beispielsweise vor 50 Jahren. Der gesellschaftliche Kontext hat sich in den vergangenen Jahrzehnten dramatisch verändert und die Anforderungen, mit denen das Militär konfrontiert ist, sind unterdessen ungleich umfassender und komplexer geworden.

Dies liegt erstens an der Ausdifferenzierung der Gesellschaft – auch in Entwicklungsländern. Neben den offiziellen Stellen sind für die Streitkräfte auch eine Vielzahl nichtstaatlicher Stakeholder – Institutionen, Organisationen und Multiplikatoren – von Bedeutung. Es gibt also eine große Zahl von Anspruchsgruppen, deren Botschaften, Forderungen und Aktivitäten das Militär Beachtung schenken muss.

Zweitens erfolgen auch Einsätze der Bundeswehr heute in der Regel unter zivilem Mandat, sodass die Streitkräfte nur ein Akteur unter vielen sind. Sie haben vor Ort zwar faktisch das Gewaltmonopol, jedoch nicht den uneingeschränkten politischen Lead, weshalb sie ihre Zielsetzungen im Zusammenspiel mit vielen, sehr unterschiedlichen militärischen und nichtmilitärischen Akteuren realisieren müssen.

Die gewachsene gesellschaftliche Differenzierung stellt ohne Zweifel eine besondere Herausforderung dar. Sie bewirkt drittens, dass Streitkräfte Kontakt zu einer großen Zahl von Teilöffentlichkeiten haben, denen sie die eigene Position und das eigene Vorgehen jeweils überzeugend erklären müssen. Die

Rolle des Militärs in der Gesellschaft, seine spezifische Verantwortung und die Auswirkungen seines Handelns stehen permanent im öffentlichen Interesse.

Viertens hat die umfassende Verbreitung der Neuen Medien zu einer ungeheuren Zunahme an Informationen und Kommunikationsprozessen geführt. Streitkräfte agieren heute in einem hochdynamischen, komplexen Informationsraum, der durch ein großes Maß an Transparenz gekennzeichnet ist. Als wichtiger Player sind sie dabei Teil eines breit vernetzten gesellschaftlichen Diskurses, dem sie sich nicht entziehen dürfen. Denn auch eine mögliche Nichtteilnahme würde dabei als Statement interpretiert werden.

Vor diesem Hintergrund ist offensichtlich, dass kommunikative Prozesse für Streitkräfte im Einsatz heute sehr viel mehr Relevanz besitzen als früher. Das Militär hat keine Wahl, als diesen Umstand zu akzeptieren. Kommunikation ist somit zu einem strategischen Faktor im operativen Führungsprozess geworden, was zwei wichtige Aspekte impliziert: Erstens muss die Kommunikationsarbeit selbst strategischen Ansprüchen genügen und stringent top-down konzipiert sein. Zweitens muss sie sich inhaltlich konsistent in die übergeordneten militärischen Zielsetzungen einfügen. Aus der allgemeinen übergeordneten Agenda werden die jeweiligen Kernbotschaften abgeleitet und zentrale Handlungsfelder definiert, auf denen die strategischen Kommunikationsziele realisiert werden sollen.

Die Strategische Kommunikation kann in der Bundeswehr jedoch nur dann wirkungsvoll in den allgemeinen Führungsprozess integriert werden, wenn dafür die organisatorischen Voraussetzungen geschaffen werden. Das bedeutet vor allem, dass Kommunikation eine zentrale Managementaufgabe und damit Chefsache ist. Sie ist als ein integraler Bestandteil von Führung zu begreifen. Die Verantwortung muss daher beim jeweiligen Kommandeur liegen, weshalb es unerlässlich ist, dass dieser über grundlegende kommunikative Kompetenzen verfügt.

In der Praxis wird der Kommandeur den gewachsenen kommunikativen Herausforderungen jedoch nur gerecht werden, wenn er das Management dieses Bereichs an einen hauptamtlichen Kommunikationsverantwortlichen delegiert, der ihm als Mitglied seines Stabes direkt unterstellt ist. Denn die Strategische Kommunikation lässt sich nur erfolgreich gestalten, wenn der Kommunikationsbereich und die operative Führung organisatorisch verbunden sind. Im Sinne der Auftragstaktik gibt der Kommandeur dabei jedoch in erster Linie nur die übergeordneten Zielsetzungen und den allgemeinen Handlungsrahmen vor, innerhalb derer der Kommunikationschef eigenverantwortlich agiert.

Die Bundeswehr sollte dem Beispiel der zivilen Unternehmenskommunikation folgen und den Posten eines Kommunikationschefs mit Leitungsfunktion schaffen, der komplett in den operativen Führungsprozess eingebunden ist. Nur wenn institutionell sichergestellt ist, dass der kommunikative Input jederzeit direkt in den laufenden Führungsprozess einfließt, lässt sich die Kommunikationsarbeit effektiv gestalten.

Andernfalls bleibt sie rein reaktiv und dient allein dazu, militärische Entscheidungen zu „verkaufen".

In der Tat ist es auch die Aufgabe des Kommunikationschefs, den Kommandeur in einem engen partnerschaftlichen Zusammenspiel in allen kommunikativ relevanten Fragen zu beraten. Dies darf keine nachgeordnete Aufgabe sein, vielmehr ist sie ein Teil der allgemeinen Strategiearbeit. Der Kommunikationschef muss alle geplanten strategischen Entscheidungen im Vorfeld bzw. im Rahmen des Entscheidungsprozesses auf ihre kommunikativen Auswirkungen hin prüfen. Wichtig ist daher ein belastbares Vertrauensverhältnis zwischen Kommandeur und Kommunikationschef, denn Letzterer muss auch einmal auf Augenhöhe widersprechen können, wenn er seiner Rolle und Verantwortung als Berater und Sprecher des Kommandeurs gerecht werden will.[33]

Schließlich muss darauf hingewiesen werden, dass Kommunikationsarbeit im militärischen Kontext nur dann strategische Wirkung entfaltet, wenn sie integriert organisiert wird. Voraussetzung dafür ist, dass der Kommunikationschef ausnahmslos alle kommunikativen Disziplinen und Teilbereiche verantwortlich leitet – von der Presse- und Medienarbeit, über Online-Kommunikation, Issues Management und Krisenkommunikation bis hin zu Public Advocacy.

---

33 Vgl. Markus Will/Philipp J. Fleischmann/Matthias Fritton: Kommunikation von Vorstandsvorsitzenden – eine Sache von Führung, in: Rudolf Hetzer/Torben Werner (Hrsg.): Leadership Kompendium, Berlin 2011, S. 19 ff.

Auch hier gilt es, dem Beispiel der Unternehmenskommunikation etwa von großen Konzernen zu folgen. Die bislang in der Bundeswehr übliche Trennung in PR bzw. Informationsarbeit auf der einen und Pressearbeit auf der anderen Seite ist im hohen Maße kontraproduktiv und lässt sich unter den oben beschriebenen Rahmenbedingungen künftig nicht mehr aufrechterhalten. Wäre dies der Fall, würde es angesichts der heute überragenden Bedeutung von Social Media verstärkt zu internen Reibungsverlusten und zu einer inkonsistenten Außenwahrnehmung bzw. zu kommunikativen Fehlern führen.

Wichtig ist, dass der Kommunikationschef zuvorderst eine steuernde Aufgabe hat. Er ist für die aktive Gestaltung der Kommunikationsarbeit innerhalb der allgemeinen strategischen Zielvorgaben verantwortlich. Dafür entwickelt er auf den verschiedenen Handlungsfeldern konkrete Einzelmaßnahmen. Er bestimmt, welche unterschiedlichen Zielgruppen zur Erreichung der übergeordneten Kommunikationsziele anzusprechen sind und wie die übergeordneten Kernbotschaften jeweils adäquat spezifiziert werden müssen. Er legt fest, welches dabei die operativ sinnvollen Instrumente sind und welche Kommunikationskanäle gewählt werden sollten. Die konkrete Umsetzung der kommunikativen Aktivitäten kann und muss er aber nicht persönlich leisten. Dafür verfügt er in seiner Abteilung bzw. seinem Bereich über das erforderliche Fachpersonal, oder aber er kann auf externe Kapazitäten zugreifen, etwa bei der Informationsgewinnung.

4 Strategische Kommunikation in der künftigen Stabsoffiziers- und General-/ Admiralstabsausbildung

4.1 Zielsetzung und Konzeption

Kommunikative Prozesse haben im Internetzeitalter ungemein an Relevanz gewonnen – das gilt nicht zuletzt auch für Armeen im Einsatz. Daher ist es unerlässlich, die Vermittlung des Themas „Strategische Kommunikation" künftig fest in das Lehrprogramm der Führungsakademie der Bundeswehr zu integrieren. Die Stabsoffiziere und Offiziere im General-/Admiralstabsdienst müssen befähigt sein, mit der zunehmenden Vielfalt an nichtmilitärischen Anforderungen, die vor allem auch kommunikativer Natur sind, optimal umzugehen und sie in ihrer Entscheidungsfindung angemessen zu berücksichtigen.

Strategische Kommunikation sollte dabei als ein integraler Bestandteil des operativen Führungsprozesses vermittelt werden, nicht aber als Spezialwissen, das auf nachgeordneter Ebene angesiedelt ist. Insofern muss im Fokus stehen, dass die militärischen Spitzenkräfte – Kommandeure wie auch „Kommunikationsstabsoffiziere" – generelle kommunikative Kompetenzen erwerben, die über Relevanz und Anschlussfähigkeit im Hinblick auf den allgemeinen strategischen bzw. operativen Führungsprozess verfügen. Ziel ist es nicht, zum Beispiel das Handwerkszeug eines Presseoffiziers zu vermitteln. Die Ausbildung im Bereich Presse und Medien sollte auch weiterhin an den betreffenden Lehreinrichtungen erfolgen. Die dort gelehrten Spezialkenntnisse stellen jedoch keine Voraussetzung dar, um sich an der Führungsakademie erfolgreich mit Fragestellungen der Strategischen Kommunikation zu befassen.

Vor diesem Hintergrund erscheint es zielführend zu sein, ein spezielles Seminar zu konzipieren, in dem vor allem die Themengebiete behandelt werden, die für die strategische Kommunikationsarbeit von Streitkräften besonders relevant sind.

Dabei sollte bei der Vermittlung der Ausbildungsinhalte ein angewandter Ansatz im Vordergrund stehen. Insofern gilt es, vor allem zivile Kommunikationsexperten der verschiedenen Kommunikationsdisziplinen zu gewinnen, die die Lehrgangsteilnehmer mit den zentralen Instrumenten und Methoden vertraut machen und deren Einsatz anhand von Best-Practice-Beispielen aus ihrer beruflichen Praxis veranschaulichen.

Darüber hinaus ist es wichtig, Aspekte und Anforderungen der Strategischen Kommunikation in Zukunft fest in die Anlage der militärischen Übungsszenarien der Führungsakademie zu integrieren.

4.2 Inhalte

4.2.1 Corporate Communications

Für die Implementierung der Strategischen Kommunikation in der Bundeswehr bieten Corporate Communications (dt. Unternehmenskommunikation) eine sehr gute Orientierungsgrundlage, da hier im Sinne eines integrierten Ansatzes alle Kommunikationsinstrumente und -maßnahmen zusammengefasst sind. Durch Corporate Communications sollen sowohl ein einheitliches Erscheinungsbild als auch die spezifischen Normen und Werte des Unternehmens oder der Organisation vermittelt werden. Ein entscheidendes Merkmal aller Corporate Communications-Maßnahmen ist ein einheitliches, geplantes und strategisches Gesamtkonzept, damit dieselbe Botschaft bei den verschiedenen Bezugsgruppen rezipiert wird. Organisatorische Voraussetzung ist die zentrale Steuerung aller Corporate Communications-Bereiche wie Pressearbeit, interne Kommunikation, Public Relations oder Online-Kommunikation innerhalb einer Abteilung.

4.2.2 Strategische Pressearbeit

Ziel ist hier nicht, das Handwerkszeug der Pressearbeit wie das Schreiben von Pressemitteilungen oder das Führen von Interviews zu vermitteln. Vielmehr geht es darum zu zeigen, wie Streitkräfte die Kommunikation mit den klassischen Mediengattungen Print, TV und Hörfunk strategisch aufsetzen sollten. Wie also sind Botschaften zu formulieren, damit sie ihren Weg auf die Agenda der Medien finden? Militärische Führer sollten ein Gefühl dafür entwickeln, welche Gestaltungsmöglichkeiten sie haben und wo andererseits Grenzen sind, die Arbeit der Presse direkt zu beeinflussen. Dafür ist es erforderlich aufzuzeigen, nach welchen Grundsätzen Medien arbeiten und wie Journalisten „ticken". Die „institutional blindness" führt gerade in diesem Bereich häufig zu einer fatalen Erwartungshaltung, die dann in der Praxis immer wieder enttäuscht wird.

4.2.3 Issues Management und Agenda Setting

Issues Management meint die aktive und systematische Auseinandersetzung einer Organisation mit Anliegen ihrer Umwelt. Issues sind Ansprüche und Themen, die von Anspruchsgruppen an die Organisation herangetragen werden. Auch Streitkräfte müssen im Rahmen von Issues Management Trends und Ereignisse, die den eigenen Handlungsspielraum zu beeinträchtigen drohen, durch kontinuierliches Monitoring, also die gezielte Beobachtung des Umfelds, identifizieren und analysieren. Im nächsten Schritt werden daraus mögliche Folgen und Handlungsoptionen abgeleitet und schließlich konkrete Strategien entwickelt, den öffentlichen Diskurs zu einem relevanten Issue zu beeinflussen. Ein wichtiges Instrument dafür ist das Agenda Setting. Es beschreibt den spezifischen Ansatz, bestimmte Themen und Botschaften gezielt auf die Tagesordnung der Medien zu setzen und die öffentliche Wahrnehmung im eigenen Interesse zu steuern.

4.2.4 Online-Kommunikation und Social Media

Zum einen geht es darum zu vermitteln, welche Instrumente das gesamte Spektrum der Online-Kommunikation umfasst und wie diese in der integrierten Kommunikation einer Großorganisation wie der Bundeswehr eingesetzt werden können. Zum anderen gilt es beim militärischen Spitzenpersonal ein Verständnis von der spezifischen Beschaffenheit sowie von den Chancen und Risiken von Social Media herzustellen. Im Detail behandelt werden sollten für einen strategischen Einsatz von Social Media-Aktivitäten die Strategiefindung und Zielgruppendefinition, das Konzipieren von Maßnahmen, die Auswahl der passenden Kanäle und Medien sowie die Planung der erforderlichen Ressourcen, der internen Kommunikationsprozesse und der Contentstrategie. Vor allem muss deutlich werden, dass die Kommunikation über soziale Medien nicht zentral gesteuert werden kann. Wer Social Media nutzt, erzeugt vielmehr eine institutionelle Offenheit, die völlig neue Herausforderungen nach sich zieht. So verschwimmt etwa die Grenze zwischen dem Soldaten als Angehörigem der Bundeswehr und dem Soldaten als Privatperson. Vor diesem Hintergrund müssen Streitkräfte in speziellen Guidelines den Umgang mit und das Verhalten in Social Media für alle Mitarbeiter festlegen.

Ferner muss die Organisation befähigt werden, in Echtzeit im Rahmen ihrer strategischen Zielvorgaben auf die Kommunikation in Social Media reagieren zu können.

4.2.5 Public Affairs

Unter diesem Begriff versteht man das strategische Management politischer Diskussions- und Entscheidungsprozesse an der Schnittstelle von Politik, Wirtschaft, Medien und Gesellschaft. Auch die Bundeswehr im Einsatz muss ihre Interessen im politischen

Diskurs vor Ort gegenüber Regierungen, Ministerien, örtlicher Verwaltung oder Parteien vertreten und ihre Positionen und Botschaften aktiv einbringen. Für militärische Führer ist es wichtig zu wissen, wie man im politischen und medialen Kontext Aufmerksamkeit und Akzeptanz für bestimmte Themen schafft, wie Meinungs- und Entscheidungsprozesse bewusst mitgestaltet werden und auf welche Weise die Beziehungen zu relevanten Dialoggruppen zu organisieren sind. Ziel sollte es sein zu zeigen, welche kommunikativen Instrumente dafür zur Verfügung stehen. Zum andern gilt es zu vermitteln, wie Kommunikationskampagnen im politischen Kontext konzipiert und durchgeführt werden.

4.2.6 Krisenkommunikation

Streitkräfte im Einsatz müssen sich systematisch auf einen möglichen Krisenfall vorbereiten und in dieser Beziehung eine „institutional readiness" erlangen. Diese Präventivarbeit umfasst die Implementierung von Frühwarnsystemen etwa durch eine kontinuierliche Umfeldanalyse, um Krisensignale frühzeitig zu erfassen. Dazu gehört auch die Entwicklung einer flexiblen Kommunikationsstrategie und eines konkreten Umsetzungskonzepts unter Berücksichtigung aller möglichen Krisenszenarien. Im Krisenfall ist die Kommunikation zentrales Element des Krisenmanagements. Die Kommunikationsanstrengungen nach dem Eintritt des Schadens sind darauf gerichtet, mittels kommunikativer Strategien und Maßnahmen negative Folgen wie den Verlust an Vertrauen, Image und Reputation zu verhindern.

4.2.7 Interne Kommunikation und Change Kommunikation

Die Kommunikationsarbeit der militärischen Führung ist nicht nur nach außen gerichtet, mindestens ebenso wichtig ist die interne Kommunikation. Ziel dabei ist, durch spezifische Medien und Kommunikationskanäle die organisatorischen Abläufe zu verbessern, einen bereichsübergreifenden Informationsfluss innerhalb der Truppe sicherzustellen, für Dialog zu sorgen und die Untergebenen zu motivieren. Für den operativen Erfolg ist es von strategischer Bedeutung, dass die übergeordneten Ziele innerhalb der Streitkräfte bekannt sind, dass sie verstanden werden und auf Akzeptanz stoßen. Neben den Grundlagen der internen Kommunikation sollte in diesem Kontext auch die Change Kommunikation thematisiert werden. Dabei geht es darum, Veränderungen in der Organisationsentwicklung oder der strategischen Ausrichtung, etwa angesichts einer tiefgreifenden Lageveränderung, kommunikativ vorzubereiten bzw. zu unterstützen.

4.2.8 Strategische Kommunikation im Bündnisrahmen

Im Gegensatz zur Bundeswehr ist die Strategische Kommunikation im westlichen Militärbündnis – vor allem getrieben durch den Diskurs in den USA – mittlerweile fest implementiert. Nach den Anschlägen am 11. September 2001 gab es in den US-Streitkräften eine intensive Diskussion über die künftige Bedeutung von Information und Kommunikation für die Erreichung militärpolitischer Ziele, an deren Ende die Einbindung der Strategischen Kommunikation in die gesamte Operationsplanung stand. Die Entwicklung in den USA hat im Anschluss nicht nur die konzeptionellen Überlegungen in der NATO maßgeblich beeinflusst, sondern auch 2008 zur Implementierung der Strategischen Kommunikation in der ISAF geführt. In der deutschen General-/Admiralstabsausbildung sollten daher künftig unbedingt auch die derzeit geltenden Grundlagen und Richtlinien der Strategischen Kommunikation im westlichen Bündnis vermittelt werden, nicht zuletzt um das militärische Führungspersonal für den Einsatz in multinationalen NATO- bzw. ISAF-Stäben zu befähigen.

4.2.9 Allgemeine Systemtheorie

Es gehört zu den Grunderfahrungen von Streitkräften, dass jegliche vor dem Einsatz festgelegte Ordnung und Planung obsolet ist, sobald „der erste Schuss fällt". Jede militärische Lage ist im hohen Maße veränderlich und ihr wohnt das Moment des Chaos inne. Mit der allgemeinen Systemtheorie steht eine universelle Theorie zur Verfügung, die diesen empirischen Befund zu erklären vermag. Mit systemtheoretischen Methoden lässt sich die spezifische Komplexität und Dynamik sozialer Kommunikations- und Handlungsprozesse nachvollziehbar und begreifbar machen. Vor allem wird dabei deutlich, warum die Intervention in Systeme organisierter Komplexität so schwierig und risikobehaftet ist. Vollständige Kontrolle und Steuerung bzw. ein zielgerichteter Veränderungseingriff sind letztlich wohl unmöglich. Die Kenntnis der allgemeinen Systemtheorie stellt für die künftigen Führungskräfte der Bundeswehr vor diesem Hintergrund gewissermaßen eine Schlüsselkompetenz dar, um in einem infolge von Social Media komplexen und hochdynamischen gesellschaftlichen Umfeld strategisch kommunizieren zu können.

5 Zusammenfassung

Infolge der globalen Verbreitung von Internet und Social Media operiert die Bundeswehr im Einsatz heute in einem komplexen Informationsraum. Dabei ist sie mit kommunikativen Prozessen konfrontiert, die über eine große Dynamik verfügen und für ein hohes Maß an Transparenz sorgen. Für die Streitkräfte hat das Thema Kommunikation daher strategische Bedeutung.

Will die Bundeswehr vor dem Hintergrund dieser tiefgreifend veränderten Lage auch künftig ihre Handlungsfähigkeit bewahren, muss sie tradierte Ansätze wie die starke hierarchisch-zentralisierte Steuerung der Kommunikationsarbeit oder den Anspruch einer umfassenden Kontrolle von Informationen überwinden. Beide verfügen über zunehmend weniger Problemlösungskapazität wie die Reibungsverluste in der Praxis beweisen.

Die Bundeswehr ist gefordert, das Konzept der Strategischen Kommunikation sehr zeitnah umfassend zu implementieren, wie etwa die US-Streitkräfte dies bereits getan haben. Dafür muss sie die organisatorischen Voraussetzungen schaffen:

Erstens muss Strategische Kommunikation in Zukunft als integraler Bestandteil des militärischen Führungsprozesses begriffen werden. Die übergeordnete Verantwortung dafür liegt beim jeweiligen Kommandeur, der sie im Rahmen seiner Operationsführung laufend zu berücksichtigen hat.

Zweitens gilt es, wie etwa in der zivilen Unternehmenskommunikation üblich, alle kommunikativen Aufgaben und Disziplinen ganzheitlich unter der Leitung eines verantwortlichen Kommunikationsstabsoffiziers zu integrieren, der dem jeweiligen Kommandeur direkt unterstellt ist.

Drittens sollte die übergeordnete Führung Kommunikationsarbeit nicht durch ein überbordendes Maß an Detailregelungen steuern, sondern allgemeine Ziele, Leitlinien und Botschaften formulieren, die im Sinne klassischer Auftragstaktik für die operative Arbeit als Orientierungsrahmen dienen. Dies stärkt die Selbstorganisationsfähigkeit der Verantwortlichen vor Ort und erhöht so die Wirksamkeit ihrer Aktivitäten, da sie schnell und an die Lage angepasst „von vorne" kommunizieren können.

Schließlich benötigt das militärische Führungspersonal im Bereich Strategische Kommunikation einen Kompetenzzuwachs. Das Thema sollte daher in Zukunft fester Bestandteil der Ausbildung an der Führungsakademie der Bundeswehr sein.

Dr. Daniel Giese, geboren 1969 in Hamburg; Hauptmann der Reserve; 1989-1990 Reserveoffiziersausbildung beim Panzeraufklärungsbataillon 3 in Lüneburg; 1990-1997 Studium der Geschichte, Politikwissenschaft und Jura in Bonn, Berlin und Sussex; 1997-2001 Promotionsstudium in Zeitgeschichte und Lehrtätigkeit an der Humboldt-Universität zu Berlin; 2001 Volontär bei der ddp Nachrichtenagentur in Magdeburg; 2002-2004 Pressesprecher beim Informationszentrum Mobilfunk e. V. in Berlin; seit 2004 Leiter Kommunikation & Public Affairs bei der Stiftung Jugend forscht e. V. in Hamburg; Veröffentlichungen v. a. zu Bildungsthemen und zur Militärgeschichte der DDR, u. a. „Die SED und ihre Armee: Die Nationale Volksarmee zwischen Politisierung und Professionalismus 1956-1965, München 2002; seit 2011 beorderter Lehroffizier für Kommunikation an der Führungsakademie der Bundeswehr in Hamburg.

Carola Hartmann Miles-Verlag

Politik, Gesellschaft, Militär

Rüdiger Schönrade, *General Joachim von Stülpnagel und die Politik,* Berlin 2007.

Uwe Hartmann, *Innere Führung. Erfolge und Defizite der Führungsphilosophie für die Bundeswehr,* Berlin 2007.

Dietrich Ungerer, *Militärische Lagen. Analysen – Bedrohungen – Herausforderungen,* Berlin 2007.

Klaus M. Brust, *Söldner – Ausverkauf der Exekutive,* Berlin 2007.

Ingo Werners, *Fahren, Funken, Feuern. Hinweise für die Einsatzvorbereitung,* Berlin 2010.

Peter Heinze, *Bundeswehr „erobert" Deutschlands Osten,* Berlin 2010.

Reinhard Schneider, *Neuste Nachrichten aus unseren Kolonien. Pressemeldungen von den Aufständen in Deutsch-Ostafrika und Deutsch-Südwestafrika 1905-1906,* Berlin 2010.

Dieter E. Kilian, *Politik und Militär in Deutschland. Die Bundespräsidenten und Bundeskanzler und ihre Beziehung zu Soldatentum und Bundeswehr,* Berlin 2011.

Hans Joachim Reeb, *Sicherheitskultur als kommunikative und pädagogische Herausforderung – Der Umgang in Politik, Medien und Gesellschaft, Berlin 2011.*

Reiner Pommerin (ed.), *Clausewitz goes global. Carl von Clausewitz in the 21st Century, Berlin 2011.*

Hans-Christian Beck, Christian Singer (Hrsg.), *Entscheiden – Führen – Verantworten. Soldatsein im 21. Jahrhundert,* Berlin 2011.

Dieter E. Kilian, *Adenauers vergessener Retter – Major Fritz Schliebusch,* Berlin 2011.

Ingo Pfeiffer, *Gegner wider Willen. Konfrontation von Volksmarine und Bundesmarine auf See,* Berlin 2012.

Eberhard Birk, Heiner Möllers, Wolfgang Schmidt (Hrsg.), *Die Luftwaffe zwischen Politik und Technik. Schriften zur Geschichte der Deutschen Luftwaffe, Bd. 2,,* Berlin 2012.

Eberhard Birk, Winfried Heinemann, Sven Lange (Hrsg.), *Tradition für die Bundeswehr. Neue Aspekte einer alten Debatte,* Berlin 2012.

Holger Müller, *Clausewitz' Verständnis von Strategie im Spiegel der Spieltheorie,* Berlin 2012.

Dieter E. Kilian, *Kai-Uwe von Hassel und seine Familie. Zwischen Ostsee und Ostafrika. Militär-biographisches Mosaik,* Berlin 2013.

Angelika Dörfler-Dierken, *Führung in der Bundeswehr,* Berlin 2013.

Peter Heinze, *Berliner Militärgeschichten,* Berlin 2013.

Cornelia Fedtke, Kai-Uwe Hellmann, Jan Hörmann, M*igration und Militär,* Berlin 2013.

Jahrbuch Innere Führung

Uwe Hartmann, Claus von Rosen, Christian Walther (Hrsg.), *Jahrbuch Innere Führung 2009. Die Rückkehr des Soldatischen,* Eschede 2009.

Helmut R. Hammerich, Uwe Hartmann, Claus von Rosen (Hrsg.), *Jahrbuch Innere Führung 2010. Die Grenzen des Militärischen,* Berlin 2010.

Uwe Hartmann, Claus von Rosen, Christian Walther (Hrsg.), *Jahrbuch Innere Führung 2011. Ethik als geistige Rüstung für Soldaten,* Berlin 2011.

Uwe Hartmann, Claus von Rosen, Christian Walther (Hrsg.), *Jahrbuch Innere Führung 2012. Der Soldatenberuf zwischen gesellschaftlicher Integration und suis generis-Ansprüchen,* Berlin 2012.

Uwe Hartmann, Claus von Rosen (Hrsg.), *Jahrbuch Innere Führung 2013. Wissenschaften und ihre Relevanz für die Bundeswehr als Armee im Einsatz,* Berlin 2013.

Standpunkte und Orientierungen

Daniel Giese, *Militärische Führung im Internetzeitalter. Die Bedeutung von Strategischer Kommunikation und Social Media für Entscheidungsprozesse, Organisationsstrukturen und Führerausbildung in der Bundeswehr. Analyse und Empfehlungen für eine Armee im Einsatz,* Berlin 2014.

Einsatzerfahrungen

Kay Kuhlen, *Um des lieben Friedens willen. Als Peacekeeper im Kosovo,* Eschede 2009.

Sascha Brinkmann, Joachim Hoppe (Hrsg.), *Generation Einsatz, Fallschirmjäger berichten ihre Erfahrungen aus Afghanistan,* Berlin 2010.

Schwitalla, Artur, *Afghanistan, jetzt weiß ich erst… Gedanken aus meiner Zeit als Kommandeur des Provincial Reconstruction Team FEYZABAD,* Berlin 2010.

Erinnerungen

Blue Braun, *Erinnerungen an die Marine 1956-1996,* Berlin 2012.

Harald Volkmar Schlieder, *Kommando zurück!,* Berlin 2012.

Harald Volkmar Schlieder, *Opa Willy. 1891 Dresden – 1958 Miltenberg. Von einem, der aufsteigen wollte. Eine sächsisch-deutsche Lebensgeschichte in Frieden und Krieg,* Berlin 2012.

Harald Volkmar Schlieder, *Mein Vater – Musiker und Offizier. 1918 Dresden – 1998 Miltenberg,* Berlin 2013.

Reinhart Lunderstädt, *Aus dem Leben eines Hochschullehrers. Persönlicher Bericht,* Berlin 2012.

Wulf Beeck, *Mit Überschall durch den Kalten Krieg. Mein Leben für die Marine,* Berlin 2013.

Monterey Studies

Uwe Hartmann, *Carl von Clausewitz and the Making of Modern Strategy*, Potsdam 2002.

Zeljko Cepanec, *Croatia and NATO. The Stony Road to Membership*, Potsdam 2002.

Ekkehard Stemmer, *Demography and European Armed Forces,* Berlin 2006.

Sven Lange, *Revolt against the West. A Comparison of the Current War on Terror with the Boxer Rebellion in 1900-01,* Berlin 2007.

Klaus M. Brust, *Culture and the Transformation of the Bundeswehr,* Berlin 2007.

Donald Abenheim, *Soldier and Politics Transformed,* Berlin 2007.

Michael Stolzke, *The Conflict Aftermath. A Chance for Democracy: Norm Diffusion in Post-Conflict Peace Building,* Berlin 2007.

Frank Reimers, *Security Culture in Times of War. How did the Balkan War affect the Security Cultures in Germany and the United States?,* Berlin 2007.

Michael G. Lux, *Innere Führung – A Superior Concept of Leadership?,* Berlin 2009.

Marc A. Walther, *HAMAS between Violence and Pragmatism,* Berlin 2010.

Frank Hagemann, *Strategy Making in the European Union,* Berlin 2010.

Ralf Hammerstein, *Deliberalization in Jordan: the Roles of Islamists and U.S.-EU Assistance in stalled Democratization,* Berlin 2011.

Ingo Wittmann, *Auftragstaktik,* Berlin 2012.